PÈLERINAGE

A ROME

PÈLERINAGE

A ROME

EN JUIN ET JUILLET 1867

PAR A.-B. PERGOT

CURÉ DE TERRASSON

——

PRIX : 1 FRANC

PÉRIGUEUX

IMPRIMERIE BOUCHARIE ET Cᵉ, RUE MATAGUERRE, 3, ET COURS FÉNELON, 7

—

1868

AVANT-PROPOS.

Quelques amis qui ont lu la relation de mon pèlerinage à Rome, publiée dans la *Semaine Religieuse de Périgueux*, ont bien voulu m'exprimer le désir de l'avoir en une brochure, plus facile à conserver que les feuilles d'un journal ; ils ont même ajouté que sa lecture pourrait avoir quelque utilité. Je ne puis m'y refuser du moment qu'il peut en résulter un bien. Le bien serait réel et grand, en effet, si mes impressions inspiraient à quelques personnes le désir de faire le pèlerinage de Rome ; il serait immense si elles produisaient dans quelques âmes un plus grand amour pour notre mère la sainte Eglise, un plus grand dévouement à son auguste Chef, le saint, le grand, l'incomparable Pie IX. Fasse Dieu qu'il en soit ainsi !

1

Je n'ai pas besoin de rappeler ici à qu'elle occasion j'ai fait ce pèlerinage à la Ville-Eternelle. Les annales de l'Eglise insèreront dans leurs plus belles pages ce XVIIIe centenaire du martyre de saint Pierre, cette réunion de plus de cinq cents évêques, ce concours de vingt mille prêtres, de plus de cent cinquante mille laïques, accourus de toutes les parties du monde chrétien, pour témoigner de leur foi, de leur attachement à la sainte Eglise, de leur vénération pour le Vicaire de Jésus Christ.

Je dépose cet opuscule, ou plutôt ces pensées, aux pieds de ce Père vénéré et bien-aimé, dont la vue a produit sur mon âme de si profondes, de si heureuses impressions. Si Sa Sainteté daigne les bénir, elles seront fécondes, et le bien se fera.

PÈLERINAGE A ROME.

I.

DE TERRASSON A ROME

AU RÉDACTEUR DE LA *Semaine Religieuse* DE PÉRIGUEUX.

Rome, 28 juin 1867.

Mon cher rédacteur, vous m'avez prié, et je vous ai promis, de me souvenir, pendant mon pèlerinage et mon séjour à Rome, des lecteurs de la *Semaine Religieuse de Périgueux*. Vous avez pensé que le récit de mes impressions pourrait faire plaisir à nos amis, à ceux qui, moins heureux que moi, sont restés en Périgord. Il est temps que je commence, puisque me voilà à Rome depuis quatre jours, et que, pendant mon voyage, il ne m'a pas été possible de vous écrire. Et toutefois, aujourd'hui encore, je le fais à regret, car je comprends que, n'ayant qu'une quinzaine de jours à passer dans une ville si féconde en prodiges, tout mon temps devrait être employé à voir et à méditer. Mais, puisque vous le voulez, je vais, au courant de la plume, vous dire quelques mots.

J'ai commencé mon pèlerinage le jeudi matin, 13 du courant. Le 13 ! mauvais jour, diront peut-être quelques abonnés de votre *Semaine Religieuse*. Pas trop mauvais jour, leur répondrai-je, car ce que j'ai eu de plus heureux en ma vie m'est arrivé un 13, et précisément le 13 juin. C'est ce jour-là que j'ai été ordonné prêtre. Que d'autres appellent le nombre 13 malheureux, moi, je l'appelle heureux ; et vous conviendrez que ce n'était pas un jour mal choisi pour commencer un pèlerinage à Rome, dans le but, après trente deux ans, de retremper mon sacerdoce à la source même du sacerdoce, aux pieds du Vicaire de Jésus-Christ.

Je suis donc parti en vrai pèlerin, moins la gourde et les pieds nus. J'insiste sur cette qualité, éloignant toute idée, toute prétention de touriste, afin que vos lecteurs n'attendent de moi que les impressions et les observations du pèlerin. Le soir du même jour j'étais à Toulouse ; j'aurais pu continuer mon voyage et partir quelques minutes après pour Marseille, mais j'aurais passé de nuit à Tarascon, et il y a dans cette ville un monument à visiter et des souvenirs à recueillir, précieux pour nous, habitants du Périgord. Il y a là le tombeau de sainte Marthe, *l'hôtesse du Christ*, un des témoignages les plus certains de notre glorieuse tradition qui fait remonter l'apostolat de saint Front au premier siècle de l'ère chrétienne.

Le lendemain, à sept heures du soir, j'étais agenouillé devant ce tombeau que j'ai décrit ailleurs, j'en baisais le marbre jauni par le temps, je baisais le buste de saint Front et la tête du Christ, surmontée de la croix grecque.

Notre-Seigneur et saint Front sont là, déposant dans le tombeau le corps de la Sainte. Et, en admirant ces objets, je me sentais fortifié dans ma piété et dans ma foi d'historien, et je me disais : « Les traditions qui sont, comme la « nôtre, gravées sur la pierre, ne peuvent être que vraies. « Un historien qui écrit au courant de la plume, peut « quelquefois s'écarter de la vérité, mais le sculpteur « qui personnifie les faits sur la pierre avec la lenteur de « son ciseau, ne peut que dire vrai : la pierre, celle sur-« tout qui doit couvrir un tombeau, se refuserait au men-« songe. »

Mais je n'avais que quelques minutes à rester là en admiration : il fallut vite repartir. Vous le savez, la locomotive est inexorable, elle commençait à ronfler. Je renvoie donc vos lecteurs et vous à la page 64 de *la Vie de saint Front*, si vous voulez bien connaître le tombeau de sainte Marthe et ce qu'il a de glorieux pour l'Eglise du Périgord. Je veux seulement affirmer ici comme certain, ce que j'ai donné comme probable : C'est bien le gant de saint Front qui est représenté sur ce tombeau, et non une main indiquant le corps de sainte Marthe.

Je quittai vite, trop vite et à regret, ce tombeau et cette église de Sainte-Marthe, et, quelques heures après, j'étais à Marseille, cette autre ville aux traditions pieuses, qui donnent la main à la nôtre et lui communiquent une force à désespérer les ennemis de saint Front, ces inventeurs de la fable ridicule qui fait de ce disciple de Jésus-Christ, de cet envoyé de saint Pierre, un simple moine du cinquième siècle.

En entrant dans Marseille, ma pensée était au Ier siècle et saluait l'arrivée dans cette ville de saint Lazare, l'ami de Jésus-Christ, de sainte Marie-Madeleine et de sainte Marthe, les sœurs de Lazare, ayant à leur suite

Maximin, Marcelle, Joseph d'Arimathie, et Célédoine,
l'aveugle de naissance guéri par le Sauveur. Après ces
traditions vénérables, Marseille, ville cependant très-
chrétienne, n'offre rien, ou presque rien, au pèlerin qui
veut méditer. Le touriste peut admirer son port où tout
l'Orient se donne rendez-vous pour le commerce, ses longues rues, ses vastes et hautes maisons, riches d'archi-
tecture, sa Canebière, l'orgueil des Marseillais, et qui,
leur prête-t-on, ferait de Paris un petit Marseille si Paris
avait une Canebière. Mais le pèlerin laisse le touriste en
admiration dans les rues et sur les places de la ville, et
s'en va gravissant avec peine la montagne sur laquelle
s'élève, comme un phare conducteur, *Notre-Dame-de-la-
Garde*, Reine de la Méditerranée. Notre-Dame-de-la-Garde !
Elle est là bien nommée, Celle à qui toute puissance a été
donnée et dans le ciel et sur la terre. De là elle regarde
Marseille et son vaste port, et puis son regard se plonge
sur l'immensité de la mer, aux horisons reculés. Elle bénit et le vapeur qui part pour les plages lointaines, et le
vaisseau qui arrive portant souvent les traces des vagues
qui se sont déchaînées sur lui. Si ma pensée devait
sortir du cercle religieux que je me suis prescrit,
j'admirerais le vaste panorama qui se déroule devant
moi, de quelque côté que se porte mon regard étonné.
Jamais rien de si grandiose ne s'est offert à ma vue,
mais aussi est-ce pour la première fois que mon œil voit
la mer.

Nous étions là près de cent cinquante prêtres ; nous
devions tous nous embarquer le lendemain, et chacun de
nous tenait à célébrer la sainte messe, pour se mettre
sous la protection de la *Gardienne* des mers. Chacun put
satisfaire sa dévotion, et chacun se sentit fortifié et
encouragé. Marie lui avait dit : marche en toute

confiance avec cette force que je te donne, je serai avec toi. (ª)

Le dimanche matin, à neuf heures, nous étions embarqués sur le paquebot *le prince Napoléon*. Le signal du départ fut donné, et l'un de nous entonna le salut à l'Etoile de la mer, *Ave Maris Stella*, et puis le *Magnificat*. Nous avions avec nous Mgr Vera, évêque de Mégara, vicaire apostolique de Monte-Video. Il présidait à nos chants pieux et puis il nous bénissait.

La première fois qu'on entre dans un vaisseau, qu'on se sent balancé sur l'abîme, on est profondément impressionné et l'on éprouve le besoin de se recueillir et de ne penser qu'à Dieu. Après nos premiers chants, le silence régna sur toutes les parties du vaisseau ; la mer était un peu agitée, bientôt elle se calma ; Marie, l'étoile de la mer, nous avait entendus.

Dès le départ, après l'exercice pieux, le chant des vêpres avait été annoncé pour trois heures de l'après-midi, et cette heure sonnée, nous étions tous sur le pont, séparés en deux parties pour former deux chœurs. Rappelez à votre souvenir les cérémonies de nos grandes cathédrales, et vous n'aurez rien de solennel ni de touchant comme nos vêpres chantées en pleine mer. C'était magnifique, c'était sublime à faire pleurer de joie ! Nous étions là de tous les pays et de toutes les langues, Français, Espagnols, Portugais, Belges, Anglais, Irlandais, Hollandais et Américains, et tous nous ne formions qu'un cœur, qu'une âme, qu'une voix, pour chanter tous les louanges du même Dieu, dans le même idiôme, l'idiôme latin, qui est

(ª) Je n'oublierai pas de mentionner ici l'hospitalité si amicale que j'ai reçue avec mes trois co-voyageurs, chez une noble famille de Marseille, la famille de Guérin du Cayla. Les attentions de chacun de ses membres, aussi gracieuses que dévouées, vivront dans mon cœur avec les plus doux souvenirs de mon pèlerinage.

la langue de l'Eglise. Nous étions bien là une image de cette unité catholique, si admirable, si forte, contre laquelle viennent se briser les hérétiques et les sectes dissidentes de tous les temps et de tous les lieux. Notre vénérable évêque de Monte-Video pontifiait, et l'on comprenait qu'il ne se trouvait pas étranger avec nous, pas plus que nous ne nous trouvions étrangers avec lui ; il était le père, nous étions les enfants de la famille catholique. Là, en pleine mer, sans horizons autour de nous, sous nos pieds la profondeur de l'abîme, mais au-dessus de nos têtes un ciel des plus purs, qui semblait sourire à chacun de nous, tout était bien propre à nous inspirer la piété et l'enthousiasme religieux, et faisait oublier ce que notre chant pouvait laisser à désirer du côté de l'harmonie.

A la fin des vêpres, Mgr Véra, par une heureuse inspiration, nous invita à prier pour les chrétiens qui avaient été ensevelis, victimes de quelque naufrage, dans la mer sur laquelle nous voguions en ce moment avec tant de sécurité, si gais, si heureux. Et le *De profundis* fut psalmodié du ton le plus solennel, et d'un accent qui accusait chez tous une profonde émotion.

La prière du soir et le chapelet furent aussi récités en commun, et puis chacun chercha à se former une couche pour reposer de son mieux. A quatre heures du matin nous étions en face de Gênes, et bientôt dans son port ; peu après nous parcourions ses rues, ses places, ses promenades ; nous visitions ses riches églises, ses somptueux palais. Je conserverai le souvenir des églises de l'Annonciade et de Saint-Laurent, où la peinture et la sculpture semblent se disputer l'admiration du visiteur ; le souvenir des brillants palais de Durazzo, de Brignol, de celui qui porte le nom de Palais-Royal. Mais ce qui restera gravé dans mon cœur, c'est le tombeau de sainte Catherine de

Gênes, dont la famille a de si brillantes pages dans l'histoire de la papauté, ayant donné deux souverains Pontifes à l'Église, Innocent IV et Adrien V, neuf cardinaux à la cour de Rome, et deux archevêques à Gênes. Ce tombeau est dans la chapelle du grand hôpital, et la garde en est confiée à quelques religieuses et aux déshérités des biens de ce monde. Nous nous sommes agenouillés devant le corps de la Sainte, et nous l'avons priée pour les besoins de l'Église, pour sa Sainteté Pie IX et la conservation du Saint-Siége et du pouvoir temporel. On nous a montré ensuite la cellule que la Sainte occupait de son vivant et qui reçut son dernier soupir. On a eu le bon goût de ne rien changer à cette cellule ; aussi avec ses murailles nues et le cercueil où reposa le corps de la Sainte, elle parle mieux à l'âme et au cœur du pèlerin, que ces deux cellules transformées en riches chapelles qu'on nous a montrées à Rome : la cellule de saint Ignace, et celle de saint Camille de Lellis. On aime à retrouver les saints tels qu'ils étaient, avec leur simplicité et leur pauvreté. J'ai retenu la maxime de sainte Catherine, écrite dans sa cellule : *Amor mio! non più del mondo! Amor mio! non più peccare!* Mon amour ! non, plus de monde! Mon amour! non, plus de péché!

J'aurais quitté à regret la ville de Gênes si je n'avais été que touriste, mais avant tout j'étais pèlerin, et j'avais hâte d'arriver au terme de mon pèlerinage.

L'heure de reprendre la mer avait sonné et, par suite, l'heure de nos chants chrétiens; et j'ai à vous raconter ici une scène des plus touchantes.

A cent cinquante mètres de nous se trouve un autre bateau à vapeur : le *Pausilyppe*, qui nous a suivis depuis Marseille, mais d'une marche inégale. Il porte, lui aussi, de nombreux pèlerins qui se rendent à Rome. Il doit quitter le port plus tôt que nous, et les pèlerins chantent déjà les hymnes du départ. Sur un signe qu'ils nous font de répondre à leur chant, deux chœurs se forment et nous chantons alternativement l'*Ave Maris Stella* et le *Magnificat*. Notre but est le même, nous avons besoin du même secours, nous chantons et prions avec une ferveur égale, les uns pour les autres.

Vous comprenez que dans ce chant, en plein air, entre deux chœurs placés à cent cinquante mètres l'un de l'autre, pour se faire entendre et dominer le bruit des vagues et des chaudières qui chauffent , les voix faibles , quelque mélodieuses qu'elles soient, sont peu recherchées. Il nous faut des voix fortes, bien accentuées, n'importe leurs justesse, des voix alimentées par de vastes poumons. C'est ce qui me vaut l'honneur d'être, en ce moment, le chef de chœur du bateau sur lequel je me trouve.

Le chant terminé, vient un échange fraternel et des plus touchants de bénédictions épiscopales. Les pèlerins du *Pausilyppe* nous font signe de nous mettre à genoux, et nous voyons apparaître sur le devant du pont un vénérable évêque, que sa longue barbe blanche nous rend plus vénérable encore. Il a déjà donné une première bénédiction aux passagers qui sont avec lui ; il en a une seconde pour nous ; nous la recevons avec bonheur. Nous nous relevons, vivement touchés de l'attention de nos confrères ; et, ne voulant pas être en retard de courtoisie, nous allons prier Mgr Vera de monter sur le pont. Nous le plaçons bien à la vue de nos confrères, et comme il n'a que sa croix qui puisse le faire reconnaître pour Evêque, de la main je me permets de montrer cette croix, et le *Magnificat* est entonné. Nos confrères nous ont compris, ils nous répondent. Le chant de ce cantique terminé, le pieux évêque donne sa bénédiction à nos confrères, et bientôt, à notre grand étonnement, nous voyons apparaître sur le pont du *Pausilyppe* un autre évêque d'apparence encore jeune ; nous recevons sa bénédiction comme un surcroît de grâce, avec le regret de ne pouvoir rendre au centuple à nos confrères les bénédictions qu'ils nous envoient ; mais nons n'avons avec nous qu'un évêque. Il faut bien de toute nésessité que nous restions leurs débiteurs. Nous paierons notre dette en chantant un cantique de plus à *l'Etoile de la mer.*

Le bateau qui emportait nos confrères était déjà loin du port lorsque le nôtre s'ébranla, mais il était meilleur marcheur et, le mardi matin, plusieurs heures avant le *Pausilyppe*, nous étions dans le port de Livourne, où nous devions passer une partie de la journée.

Livourne ne présente rien de remarquable au touriste et rarement le pèlerin s'y arrête. Notre temps sera employé à visiter Pise, la ville gracieuse et brillante. La voie ferrée peut nous y conduire en quelques minutes ; nous donnons la préférence à un modeste véhicule dont les lenteurs nous permettront de voir la campagne, de comparer ses productions avec celles de notre pays, et de saluer les clochers que nous verrons dans le lointain, ou que nous trouverons sur notre route. Nous sommes bien inspirés. Quelques kilomètres avant d'arriver à Pise, il nous est donné, sans aucune attente de notre part, de visiter une église des plus curieuses par ses traditions. C'est l'église de *San-Pietro-Agrado.*

Une vénérable tradition dont nous n'avons aucun motif de nier l'authenticité, rapporte que saint Pierre, lorsqu'il vint en Italie, débarqua en ce même lieu. La mer devait alors s'avancer jusques-là ; personne ne voudra en nier la possibilité. Quelques années après, la reconnaissance et la piété des premiers fidèles y dressèrent un autel, et saint Pierre envoya Clément, son disciple, pour le consacrer. On vous montre encore cet autel, et, au milieu de l'église, la place, religieusement conservée, où saint Pierre attacha sa barque. La pierre consacrée par saint Clément fut transportée à Pise, nous ne savons à quelle époque; elle y est conservée comme une précieuse relique, et, chaque année, l'archevêque de Pise vient célébrer à *l'Agrado* la fête de saint Pierre.

Telles sont les traditions de *San-Pietro-Agrado*. Nous en avons écouté le récit avec une pieuse curiosité, et les souvenirs qu'elles ont réveillés ont délicieusement embaumé notre âme. Quelques minutes après, nous entrons dans la ville de Pise ; nous sommes dans sa riche et magnifique cathédrale, dans son baptistère, dans son *Campo-Sancto*, à la cîme de sa tour penchée, ou *Campanile Torto*, si souvent décrite par les archéologues et les touristes.

Dans la cathédrale on nous montre la lampe de Galilée, à l'aide de laquelle il découvrit le pendule ; un autel d'une grande richesse, tout en argent. Je cherche d'abord à apprécier sa valeur intrinsèque et artistique et le sacristain, mon *Cicerone*, me comprenant mal, s'écrie : « Oh! ils ne viendront pas nous le prendre ! Il appartient à la ville ; c'est notre propriété, ils ne pourront nous le prendre ! » Je ne réponds pas, je me contente de faire des vœux pour que la main spoliatrice qui a pris tant de belles choses en Italie, respecte ce beau chef-d'œuvre de l'art chrétien. On nous montre ensuite le tombeau de *San Ranieri*, le patron de Pise. Il garde les reliques du saint; nous les vénérons à genoux, et nous prions pour la conservation de la foi sur la terre d'Italie.

Nous sommes à Pise au lendemain de la fête si populaire, si renommée, de *San Ranieri*, appelée aussi la *Lumi-*

naria. En parcourant la ville nous pouvons juger par les appareils encore sur place, de la magnificence de l'illumination qui avait lieu la veille.

Nous quittons à regret la ville de Pise. Nous voudrions pouvoir visiter ses autres monuments religieux et ses palais, mais il faut à quatre heures précises reprendre la mer, et nous avons besoin de toute la vitesse de la voie ferrée pour arriver à Livourne.

La dernière nuit passée sur la mer ne nous présente rien de bien particulier. Avant le déclin du jour nous longeons l'île d'Elbe, et une pensée triste traverse notre cœur, lorsqu'on nous montre sur le penchant de la colline la maison qu'habita l'illustre exilé.

Le mercredi matin, à trois heures, nous entrons dans le port de Civita-Vecchia. En un instant nous sommes sur le pont ; nous nous sentons doublement heureux, et d'arriver au port désiré, et de nous trouver *chez nous.* Fils de la grande famille, nous sommes dans un port appartenant à notre père.

Nous ne quitterons pas le bateau sans remercier Dieu et l'Etoile de la mer. Nous chantons, et de grand cœur, le *Te Deum* et le *Salve Regina*, et nous recevons à genoux la bénédiction du saint évêque. Chacun s'apprête ensuite à débarquer, et, à dix heures, nous sommes à Rome, d'où je vous envoie, mon cher rédacteur, un salut tout amical.

II.

MES IMPRESSIONS A ROME.

§ I.

J'ai raconté aux lecteurs de la *Semaine Religieuse* mon pèlerinage depuis Terrasson jusqu'à Rome, et je leur avais promis de leur écrire, de Rome même, mes impressions dans la ville sainte, et ils s'y attendaient. Il ne m'a pas été possible de tenir ma promesse. Le pèlerin qui voit Rome pour la première fois et ne doit y passer que quelques jours n'a, comme je l'ai déjà dit, que le temps d'admirer et de méditer ; car tout est étonnant à Rome, tout y est admirable. Vous vous trouvez dans un monde nouveau qui vous éblouit, vous enchante, vous plonge dans la méditation et l'extase, et, à chaque instant vous êtes tenté de vous écrier, comme saint Paul venant du ciel : « L'œil de l'homme n'a rien vu s'il n'a pas vu Rome ; son oreille n'a rien entendu si elle ne s'est pas remplie des harmonies de Rome. » Et, alors, comment écrire ? La plume se refuse à tracer autre chose que des notes, entrecoupées de nombreux points d'exclamation.

Aujourd'hui mes sens ont recouvré leur calme ordinaire ; je vais coordonner mes notes, recueillir mes souvenirs. Et toutefois, qu'on ne s'attende pas à trouver ici la description des monuments que j'ai visités. Tout le monde les connaît ou peut les connaître ; la description en a été faite sur tous les tons et dans toutes les langues. On trouve partout des livres qui parlent de Rome ; on n'a que l'embarras du choix. En prenant un *Guide* ou un *Itinéraire* du voyageur à Rome, on peut en décrire tous les monuments sans avoir jamais mis les pieds dans Rome. Mais les impressions personnelles ne se trouvent pas dans les livres, on les tire de son cœur.

Si vous allez à Rome pour la première fois, ayez bien soin de préparer votre âme aux grandes surprises, aux profondes émotions, et vos yeux aux douces larmes. Rome n'est pas une ville vulgaire, offrant seulement à ses visiteurs ce qu'ils trouvent partout. Elle a été la capitale du monde ancien, elle est la capitale du monde nouveau. Tout ce que le monde ancien a possédé, tout ce que le monde nouveau possède de grandeur, de beauté, de magnificence, se trouve dans Rome ; on peut l'appeler le *Musée de l'Univers*, et je voudrais que ces deux mots — Museum Orbis — fussent gravés en gros caractères sur les douze portes qui donnent entrée dans ses murs.

On le sait, il y a dans Rome deux Rome, la Rome païenne et la Rome chrétienne, la Rome des Césars et la Rome des Papes, et nulle part, dans l'univers, n'est mieux marqué le passage du paganisme à la foi chrétienne ; on le voit de l'œil, on le touche de la main. Les monuments du paganisme et les monuments du christianisme sont là à côté les uns des autres, et ne semblent pas trop étonnés de ce voisinage mutuel. Mais, tandis que ces derniers étalent aux regards du visiteur leur richesse, leur splendeur, leur magnificence, les premiers ont été transformés en temples chrétiens, ou ne présentent que des ruines ; belles ruines, il est vrai, que le christianisme conserve comme autant de trophées de ses victoires.

Les monuments païens semblent reconnaissants envers le christianisme de l'immortalité qu'il leur assure ; ils lui rendent hommage et se prêtent de bonne grâce à toutes les pompes de son culte. Le Panthéon, les temples de Romulus et Rémus, de Vesta, d'Antonin et Faustine, les ruines des temples de Bacchus, de Cérès, d'Esculape, de Minerve, de Vénus, etc., entendent la parole évangélique et sont témoins du sacrifice qui sauve le monde. Les obélisques eux-mêmes, venus de l'Egypte pour servir d'ornement à la Ville-Éternelle, et les colonnes dressées à la gloire des Césars, portent avec orgueil ou la croix, ou les statues de la sainte Vierge, de saint Pierre, de saint Paul ; et l'immense Colisée semble se replier sur lui-même, se recueillir et s'incliner avec respect devant la croix plantée au milieu de son arène, si souvent arrosée du sang chrétien.

Ce qui frappe d'abord, en entrant dans les églises de Rome, et provoque l'admiration et l'extase, c'est leur incomparable richesse. On dirait que tous les arts, la peinture, la dorure, la mosaïque, la statuaire, se sont donné rendez-vous pour faire le *nec plus ultra* du génie humain, et dire aux artistes à venir : Vous n'irez pas plus loin. Puis, l'âme s'élève vers des régions supérieures, et dans son extase elle se dit : Les Papes, en leur qualité de vicaires de Jésus-Christ, doivent avoir une idée juste de la grandeur de Dieu ; ils voient Dieu de plus près que nous, peut-être tel qu'il est. Ils ont senti le besoin d'exprimer tout ce que leur inspirait la contemplation de Dieu, et il leur a fallu toutes ces richesses, toutes ces grandeurs ; il leur a fallu les magnificences de Saint-Pierre, de Saint-Jean-de-Latran, de St-Paul-hors-des-murs, de Sainte-Marie-majeure. Que Dieu est donc grand! Et que le vicaire de Jésus-Christ comprend bien la grandeur de Dieu !

Clovis, en entrant dans l'église de Reims pour y recevoir le baptême, dit à saint Remy : « Est-ce là le ciel que vous m'avez promis? Non, répondit le saint, ce n'en est que la porte. » Qu'aurait dit le grand roi, s'il était entré dans Saint-Pierre ou dans une autre des grandes basiliques de Rome? Il aurait cru à la réalité, il se serait écrié : je suis donc dans le ciel !

On se demande, sous les voûtes de Saint-Pierre, sous sa grandiose coupole, dans ses immenses nefs, devant tous ces chefs-d'œuvre de la peinture, de la statuaire, comment il se fait qu'il y ait des hommes niant l'existence de Dieu. L'homme aurait-il tant de génie si Dieu n'existait pas? Le vrai génie naît et se nourrit de la contemplation de Dieu. Les Papes, artistes inspirateurs de toutes ces merveilles, ont contemplé Dieu, et voilà ce qu'ils ont produit. Un homme qui ne me parut pas avoir de prétention aux grandes idées, était là près de moi. Ebloui de toutes ces merveilles qui le jetaient dans un monde nouveau, il murmurait : « Je crois que Dieu s'incorpore dans l'homme pour lui faire faire sa pensée. » Idée sublime sous une enveloppe grotesque! Oui, la pensée de toutes ces grandes choses est dans Dieu. Dieu les conçoit de toute éternité, et, quand son heure est venue, il inspire à l'homme ses conceptions, et, lui mettant à la main ou le ciseau ou le pinceau, il lui dit : « Sois mon verbe, parle ma pensée. » Ah! j'aime Michel-Ange et la sublime impatience de son génie devant la statue de Moïse, l'un de ses plus beaux chefs-d'œuvre. Il attend qu'elle parle ; elle doit parler, croit-il, avec toutes les perfections qu'il lui a données. Fatigué d'attendre, « Parle donc ! » lui dit-il, en lui frappant un grand coup de marteau sur le genou. — Arrête, génie impatient ; ton Moïse parle, il parle la pensée de Dieu, déposée dans ton cerveau.

Viendra-t-on dire pour combattre l'idée que j'émets : « La Rome païenne a eu ses monuments qui dénotent un grand génie dans leurs auteurs. » Oui, sans doute, et ces monuments sont là, et je les compare avec ceux de la Rome chrétienne. Dans les premiers la pensée est lourde, embarrassée, elle ne s'élève pas. C'est un génie rampant, son centre est la terre ; il n'a produit que des masses énormes. Dans les seconds, au contraire, la pensée est dégagée ; elle s'élève. Elle vient du ciel, elle exprime le ciel. Du reste, si on veut reconnaître un grand génie dans les monuments païens, un génie égal au génie chrétien, je ne m'y opposerai pas. Mais ce génie, je le ferai venir du ciel, il affirmera Dieu. Il nous dira que Dieu prépara lui-même la création de ces monuments, et les plaça là, dans la ville qui devait être éternelle, pour en faire, jusqu'à la dernière génération, les témoins illustres des triomphes de son Eglise. Serait-ce la première fois que Dieu aurait mis à l'œuvre ses plus grands ennemis pour arriver à ses fins ?

J'étais à Saint-Paul-hors-des-murs. C'est, après Saint-Pierre, la plus riche, la plus vaste église de Rome. Je me sentis un moment singulièrement impressionné. La vie semblait m'abandonner. Je ne pouvais plus rien voir ; j'étais terrassé comme saint Paul sur le chemin de Damas. Je priai mes co-visiteurs de me laisser seul ; je sentais le besoin de méditer. La méditation fut profonde ; j'en tirai pour conclusion et j'en conservai, comme bouquet spirituel, un vif regret, le regret de n'être pas allé à Rome lorsque je n'avais que 25 ou 30 ans.

Et cependant, je le dirai pour n'omettre aucune de mes impressions, ces magnifiques églises de Rome, à l'exception de Saint-Pierre, laissent quelque chose à désirer. On y regrette les voûtes élancées de nos cathédrales romanes ou gothiques. Sous ces plafonds, à lignes horizontales, quelque élevés, quelque riches qu'ils soient, quoiqu'ils nous étalent les chefs-d'œuvre des grands maîtres, la pensée n'est pas à l'aise ; quelque chose semble vous peser sur la tête. La terre est un vaste temple qui a pour voûte le firmament et dans lequel l'homme se promène et agit du matin au soir, et se repose du soir au matin ; il faut que le lieu plus restreint dans lequel Dieu veut être prié et adoré représente à l'homme ce même temple, prototype de tous les autres.

§ II.

Il est à Rome des sanctuaires, des oratoires plus particulièrement aimés du pélerin, qu'il visite souvent, dans lesquels il se plaît à prier, à célébrer les saints mystères s'il est prêtre. Là, son âme est plus doucement impressionnée, son cœur s'épanche plus à l'aise et laisse tomber ses pensées les plus intimes, ces pensées que Dieu seul connaît. Je veux y conduire mes lecteurs.

Le premier qui se présente à mon souvenir, parce qu'il a été le dernier visité, c'est la prison Mamertine, sanctifiée par la captivité des saints Apôtres Pierre et Paul. Il y avait là deux cachots superposés et taillés dans le roc, dans l'un desquels on massacrait les chefs des nations vaincues, pendant que le triomphateur allait sacrifier à Jupiter sur le Capitole. Ces deux cachots sont aujourd'hui deux riches oratoires où l'on voit, entre autres objets pieux, une ancienne image du Crucifix qui est tenue en grande vénération, et une fontaine miraculeuse.

Rappelons le passé ; édifions-nous.

L'empereur Néron a décrété le massacre général des chrétiens. Il fait arrêter les deux Apôtres saint Pierre et saint Paul, et les fait jeter chargés de chaînes ici dans l'un des cachots, jusqu'à ce qu'il ordonne leur supplice. Les deux Apôtres dont on peut enchaîner les membres mais dont la parole reste libre, convertissent à la foi chrétienne les deux gardiens de la prison, Processe et Martinien, avec quarante autres prisonniers. Mais ils n'ont point d'eau pour les baptiser. — Tombons à genoux recueillis et attendons. — Dieu vient à leur secours. Sur le commandement de saint Pierre, une source d'eau vive jaillit du rocher et permet de baptiser les nouveaux convertis. Cette source est encore là attestant son origine miraculeuse, et offrant au pèlerin une eau toujours rafraîchissante et jamais nuisible.

Cependant les fidèles, se concertant avec les deux gardiens convertis, ménagent aux deux Apôtres les moyens de s'évader et les conjurent avec larmes de conserver leurs jours si précieux à l'Eglise. Saint Pierre y consent, et déjà il est sorti de la ville. Suivons-le le long de la voie Appienne.... Mais tout à coup il s'arrête en présence d'un voyageur qui se dirige vers la ville. — C'est Jésus-Christ. saint Pierre l'a reconnu : « Maître, lui demande-t-il, où allez-vous ? » Et le Maître lui répond : « Je vais à Rome pour être crucifié de nouveau. » Et le disciple comprend qu'il ne doit pas fuir le martyre ; il rentre dans Rome et va reprendre ses chaînes.

Jésus-Christ a disparu, mais l'empreinte de ses pieds est restée sur la pierre. Inclinons-nous, baisons avec respect et adorons les traces divines.

Il y a là aujourd'hui une église chargée de conserver et de transmettre le fait de l'apparition divine. On lui a donné pour nom les paroles de saint Pierre à Jésus-Christ ; on l'appelle : *Domine quo vadis.* Et cette église est aimée du pèlerin ; il vient baiser la pierre et adorer le Seigneur dans le lieu où ses pieds se sont arrêtés (1).

Deux fois saint Pierre fut mis en prison et chargé de chaînes : à Jérusalem et à Rome. La chaîne qui l'attachait dans la prison de Jérusalem, et celle qui l'attachait dans la prison Mamertine, n'en forment plus qu'une aujourd'hui. Approchées l'une de l'autre, en présence de l'impératrice Eudoxie et du pape Sixte III, elles s'unirent d'elles-mêmes si parfaitement ensemble, qu'elles ne parurent plus qu'une même chaîne, forgée par un seul ouvrier. Pour les conserver avec tout l'honneur et tout le respect qu'elles méritent, l'impératrice Eudoxie fit bâtir une église sous le vocable de *St-Pierre-ès-liens, in vincoli.*

Elles sont là encore ces chaînes que l'Apôtre regardait comme un ornement royal. Elles sont là dans la même église, opérant des miracles aujourd'hui comme autrefois, et toujours aimées du pèlerin. Il les voit, il les touche, il les met à son cou, et il se sent naître au cœur le désir d'être enchaîné pour Jésus-Christ, et de lui rendre témoignage jusqu'à l'effusion du sang.

Nous sommes, à St-Pierre *in Montorio,* dans un petit oratoire de forme ronde, à gracieuse coupole, bâti sur le lieu même où saint Pierre fut martyrisé. Nous assistons ici à la véritable naissance du Christianisme à Rome. L'Apôtre doit subir le supplice de la croix et, par respect pour le crucifiement de son divin Maître, il a demandé à être attaché les pieds en haut et la tête en bas. Et il fallait qu'il en fût ainsi. Le Maître était mort les bras élevés vers le ciel, priant et, comme il l'avait prédit, attirant

____

(1) On prétend que la pierre conservée dans cette église n'est qu'une copie ; la vraie pierre où s'arrêtèrent les pieds du Sauveur serait dans l'église Saint-Sébastien. Des personnes bien instruites des antiquités romaines nous ont affirmé le contraire.

tout à lui. Il avait prié, et les nations lui avaient été données pour héritage. Et déjà tout s'ébranlait dans le monde, tout venait ou se disposait à venir à Jésus-Christ. Le disciple, ou plutôt le représentant, le mandataire de Jésus-Christ, n'avait qu'à recevoir ce qui venait, et il étendait ses bras vers la terre où marchaient les nations, venant et allant au ciel ; il étendait ses bras vers cette Rome qui résumait tout le monde ancien, et qu'il créait par sa mort et consacrait capitale du monde nouveau.

Agenouillé dans cet oratoire et recueillant tous ces souvenirs, on sent passer dans l'âme un peu de cette foi et de cet amour qui faisaient dire à saint Pierre : « Seigneur, vous savez bien que je vous aime ! » Et à peine en est-on sorti, qu'on porte vite ses regards là-bas sur la grande basilique de Saint-Pierre et sur le palais du Vatican, et l'on se dit : Pierre est encore là, et, après dix-huit siècles, il règne encore et commande. Il est vrai qu'il est toujours sur la croix, mais il n'y est plus la tête et les bras penchés vers la terre ; un jour lui a suffi pour prendre possession de l'héritage de son Maître. Après ce jour, Pierre s'est relevé, et il est sur la croix debout comme son divin Maître, inébranlable, la tête haute, comme doit être celui qui commande. Du haut de cette croix où ses ennemis le tiennent attaché, et où ils voudraient le voir mourir, il ne cesse comme son Maître d'attirer tout à lui. Il vient d'envoyer non pas son commandement, mais son désir aux quatre coins de l'univers, et des quatre coins de l'univers les chefs des générations chrétiennes sont accourus. Ils sont là entourant Pierre sur la croix, l'admirant, le vénérant, l'encourageant à rester sur son trône, et lui disant : « Nous croyons en vous, parce que vous ne descendez pas de la croix. »

Le pèlerin quitte à regret Saint-Pierre *in Montorio*, et se promet bien d'y revenir.

Nous voici à Saint-Paul-aux-trois-Fontaines. Recueillons-nous ; des prodiges vont s'opérer qui fortifieront notre foi et notre amour. Les deux Apôtres saint Pierre et saint Paul, qu'un même apostolat avait si étroitement unis, ne devaient pas être séparés par la mort. Le même jour que saint Pierre mourait sur la croix, saint Paul avait ici la tête tranchée. Mais tandis que l'âme du grand Apôtre commençait dans le ciel l'éternel cantique : Saint ! Saint ! Saint ! sa tête, tombée à terre, bondissait trois fois en signe d'hommage rendu aux trois personnes divines, dont cette mort et celle de saint Pierre assuraient à jamais l'empire sur Rome et sur tout l'univers. Et les trois personnes divines répondaient à l'instant à cet hommage rendu par la tête de l'Apôtre, et à l'endroit de ses trois bonds, elles faisaient jaillir trois sources d'eau vive, symbolisant les flots de grâces qui, du ciel, allaient se répandre sur Rome, et de Rome sur l'univers. La source des grâces célestes qui coulent sur l'Église ne tarira jamais, et les trois fontaines qui les symbolisent sont encore là, coulant toujours. Et une église a été bâtie en ce lieu, renfermant dans son enceinte et la colonne où l'Apôtre fut attaché avant son martyre, et les trois fontaines miraculeuses, richement décorées. Le pèlerin passerait là de longues heures à méditer si d'autres merveilles ne l'appelaient ailleurs.

Je le trouve au bas du Saint-Escalier, *Scala Sancta*, qu'il visite souvent et d'où il rapporte toujours les plus salutaires impressions.

Jérusalem et Rome se tiennent par la main ; villes saintes toutes deux, aux grandes destinées, dépositaires des grands desseins de Dieu sur le monde ; arches saintes toutes deux, renfermant, l'une, les tables de la loi qui commande la crainte, l'autre, les tables de la loi qui inspire l'amour. Ce fut une heureuse pensée d'apporter de Jérusalem à Rome l'escalier du palais de Pilate, que Jésus-Christ sanctifia en le montant et le descendant plusieurs fois durant le cours de sa passion, et qui figure aujourd'hui l'ascension du chrétien vers le ciel. Ce fut une heureuse pensée, car ce n'est plus de Jérusalem, mais de Rome qu'il faut partir pour monter au ciel.

Le Saint-Escalier est de marbre blanc et se compose de vingt-huit marches. On ne les monte qu'à genoux ; les pieds de l'homme, souillés par le contact de la terre, ne peuvent marcher où ont marché les pieds si purs du Sauveur. Il faut que l'homme s'humilie, qu'il se fasse petit pour être digne de suivre les traces divines. Que de générations de pèlerins, venus des plages lointaines, que de chrétiens de toutes conditions ont plié les genoux sur ce Saint-Escalier ! Le marbre en était déjà usé, et la relique sainte aurait entièrement disparu, si on n'avait eu le soin de la recouvrir de bois que souvent on a été obligé de renouveler.

On monte le Saint-Escalier en méditant quelques traits de la passion de Jésus-Christ, et l'âme est toute pénétrée de douloureux souvenirs ; le repentir remplit le cœur, et les larmes coulent abondantes et salutaires.

On monte le Saint-Escalier, on ne le descend jamais, pour signifier sans doute que, dans la voie de la sainteté et de la perfection, il faut monter toujours et ne jamais revenir sur ses pas.

Un dernier sanctuaire d'origine récente mais déjà bien connu du pèlerin, est, à la Trinité-du-Mont, l'oratoire de *Mater admirabilis*. Ici, rien de grandiose, rien de monumental, rien qui exalte fortement l'imagination, mais la

plus exquise, la plus gracieuse simplicité. L'âme, l'esprit,
le cœur, l'imagination sont ici doucement reposés de leur
travail à travers la Rome payenne et la Rome chrétienne.
On ne peut pas toujours admirer, toujours s'exalter, être
toujours dans l'extase ; il faut une pieuse oasis au pèlerin de Rome, où il puisse rafraîchir et reposer ses sens. Il
la trouve dans l'oratoire de *Mater admirabilis*, au pied de
la douce image de Marie. Ici, il se sent captivé, retenu par
les suaves parfums de Celle qui est appelée la fleur des
champs et le lis des vallées. A genoux, il ne sait plus se
relever ; il passe là des heures entières, des heures déli-
cieuses ; quelque chose lui dit toujours : reste là encore,
et il y reste, il s'y oublie.

Les souvenirs ne sont pas ici anciens ; ils ne sont que
d'hier et ils ont toute la fraîcheur de la fleur éclose ce
matin. Ils sont faciles à recueillir.

En 1844 les religieuses de la Trinité-du-Mont voulurent
avoir, dans le lieu où elles se réunissaient pour le travail
manuel, une image de la sainte Vierge, travaillant et leur
donnant l'exemple du travail, et l'une d'elles peignit, sur
l'une des parois du vaste corridor qui servait à leurs réu-
nions, la sainte Vierge à l'âge de treize ans, occupée à
filer dans le parvis du temple. — En 1846, le Saint Père
Pie IX, visitant la Trinité-du-Mont, fut frappé de la vue
de cette modeste image. « C'est une dévote pensée, dit-il,
d'avoir représenté la très-sainte Vierge à un âge où elle
semblait être oubliée. » Et Sa Sainteté daigna s'agenouiller
et prier un instant devant la modeste Madone qui, dès ce
moment, fut tenue en grande vénération par les religieuses
du Sacré-Cœur. Les paroles et la prière de Pie IX furent
portées hors de l'enceinte du couvent et bientôt connues
de toute la ville. On sait quel enthousiasme accueillait
alors tout ce que le Saint-Père faisait ou disait. Les Ro-

mains accoururent en foule, d'abord par simple curiosité, puis par dévotion, visiter la Madone qui avait eu la faveur des louanges et de la prière de Pie IX. La sainte Vierge, de son côté, ne tarda pas à prouver qu'elle agréait la dévote pensée de la faire honorer à un âge où elle semblait être oubliée, pendant les années qui ont précédé le mystère de l'Incarnation. Bientôt le corridor fut converti en chapelle, le saint sacrifice, qui marque tout d'un cachet divin, y fut célébré en reconnaissance d'un grand bienfait reçu, et les riches *ex-voto* qui la décorent prouvent que Marie a bien répondu à la confiance de ceux qui sont venus en ce lieu implorer ses faveurs.

Voilà l'origine de la dévotion à *Mater admirabilis*. On peut dire qu'elle a pris naissance dans le cœur même de Pie IX, l'un des plus grands serviteurs de Marie. Aussi le magnanime Pontife a-t-il souvent ouvert en sa faveur le trésor des biens spirituels de l'Église. A l'heure où nous sommes, la modeste image du corridor de la Trinité-du-Mont, reproduite sur l'or, l'argent et le bronze, est connue dans toutes les parties du monde chrétien. Qui pourrait dire que ce n'est pas à genoux, devant cette pure image, que Pie IX a conçu la première pensée de définir le dogme de l'Immaculée Conception.

§ III.

Dirai-je maintenant quelques mots des cérémonies religieuses que nous avons eues et qui ont fait naître dans mon âme de si douces émotions ? Mais comment en parler dignement ? Comment raconter cette procession du *Corpus-Christi* qui se fait à Rome avec tant de solennité et qui, cette année, empruntait une pompe inusitée à la présence de plus de cinq cents évêques, venus de toutes

les parties du monde chrétien ? Je ne veux pas essayer
d'en faire la description, je ne dirais rien qui pût appro-
cher de la réalité. On est confondu, anéanti devant
tant de grandeurs, tant de magnificences ; il faut se taire.
Le silence seul convient, il est ici seul éloquent, la parole
n'est rien. Oui, le silence de l'admiration et du recueillement devant ces longues files de moines de tous ordres,
aux costumes les plus variés, et qui témoignent de l'iné-
puisable fécondité de l'Eglise ! Le silence devant ces pasteurs des paroisses de Rome, que l'on reconnaît à l'étole,
symbole de leur autorité ! Le silence devant ces cinq cents
évêques apportant, de n'importe quelle contrée, la même
foi, le même dévouement, le même amour ! Le silence
devant ces prélats, ces cardinaux aux visages ascétiques
et recueillis ! Le silence surtout devant la *Sedia Gestatoria*
sur laquelle se trouvent les deux grandes Majestés du ciel
et de la terre, Jésus-Christ et son Vicaire, et quel Vicaire !
le vénérable, l'incomparable Pie IX ! Ils sont là tous deux,
élevés au-dessus de la foule, s'étant donné rendez-vous entre le ciel et la terre, pour traiter les grands intérêts de la
terre et du ciel. Silence ! n'essayons pas de bégayer, nous
ne pourrions que troubler leur colloque intime. C'est
Moïse avec Dieu sur la montagne. Enfants d'Israël, restons
au pied du Sinaï et attendons ; de grandes choses nous
seront dites.

Et cette figure illuminée de Pie IX, et ses yeux pleins
de larmes, qui ne se détachent jamais de l'hostie sainte,
comment les raconter ? — Mon Dieu, je me tais et je vous
adore ! Je me tais, ô vénéré, ô saint Pontife, et je vous
admire ! Et mon âme, et mon cœur, et tous mes sens s'at-
tachent à vous et par vous à Jésus-Christ !

C'était ce jour là, en cette procession solennelle, le
triomphe de Jésus-Christ, c'était le triomphe de son Vicaire,

c'était le triomphe de l'Eglise. Dispersée par toutes les parties du monde, qu'elle était belle, réunie là par ses pontifes, par ses prêtres, accourus de l'Orient et de l'Occident,
du Septentrion et du Midi ! Etait-elle plus belle, plus magnifique, l'armée des Israélites, campée sous ses tentes et
ses pavillons, dont la vue força le prophète de bénir ce
qu'il était venu maudire? Et lorsque la religieuse phalange
avec ses bannières, ses oriflammes, ses pavillons, ruisse-
lants d'or et d'argent, se développait majestueuse sous les
arcades de la place Saint-Pierre, formant avec ses mille
flambeaux une radieuse couronne autour des cent mille
fidèles à genoux sur la place et recueillis, ah ! le ciel et la
terre réunis ont-ils jamais offert un plus magnifique spectacle? S'ils avaient été là, les détracteurs de nos saints
mystères, les persécuteurs et les spoliateurs de l'Eglise,
auraient-ils pu se défendre d'un sentiment d'admiration
et de respect? N'auraient-ils pas béni ce qu'ils ont l'habi-
tude de maudire? Comment haïr l'Eglise lorsqu'elle étale
ainsi dans son chef, dans ses pasteurs, dans ses enfants,
ses beautés, sa grandeur, sa force, sa vie qui ne finira
pas ?

Le même spectacle, moins la présence du Saint-Sacre-
ment, nous fut donné le jour de la fête de saint Pierre,
pour la cérémonie du centenaire et de la canonisation des
saints ; et là encore il y eut de grandes émotions. Il y eut
à la procession pour l'entrée dans la basilique la même
pompe, le même déploiement de richesses avec une foule
plus compacte de fidèles. L'église de Saint-Pierre est la
plus vaste du monde ; elle peut contenir, dit-on, cent
mille personnes. Ce jour-là elle ne fut pas trop
grande.

Il y eut un moment bien solennel non-seulement dans
l'intérieur de l'église mais dans toute la ville. Pie IX,

entouré des cardinaux, des prélats, des patriarches, des
évêques, a prononcé le décret de canonisation, et, de sa
voix pleine, majestueuse, que nulle voix n'égale, il entonne
le *Te Deum*. Des milliers de voix lui répondent et chantent
avec lui l'hymne de la reconnaissance. A ces voix viennent
se joindre les fanfares guerrières et les roulements de
tambours : les voûtes de l'église semblent s'ébranler et
tressaillir. Et dans la ville, au signal donné par le canon
du Fort-Saint-Ange, les cloches de toutes les églises portent la nouvelle jusque dans les quartiers les plus reculés
et invitent aux mêmes sentiments de joie et de
reconnaissance. Et dans l'intérieur de l'église, et dans la
ville, il semble que les cieux s'entr'ouvrent pour laisser
voir dans le sein de la gloire ceux qu'une bouche infailli-
ble vient de déclarer saints. Que de douces larmes coulent !
Que de cœurs battent à l'unisson de celui du magnanime
Pie IX ! Qu'on est fier, qu'on se sent heureux d'appartenir
à cette Eglise catholique qui seule donne droit aux pro-
messes des biens de la vie présente et de la vie
future !

Pourrai-je oublier les impressions plus douces, plus
suaves, allant au plus intime de l'âme, produites par le
chant qui suivit le *Credo*, le chant de ces paroles si bien
faites pour la circonstance : *Tu es Petrus et super hanc pe-
tram ædificabo Ecclesiam meam et portæ inferi non præva-
ebunt adversus eam.* Trois chœurs le répétèrent tour-à-
tour, trois chœurs composés chacun de deux cents voix,
et placés, deux sur des tribunes près de l'assemblée des
cardinaux et des évêques, et le troisième, composé de
voix enfantines, anges de la terre symbolisant les anges
du ciel, placé dans l'entablement de la grande coupole.
Le chant du premier chœur, fortement accentué, c'était
l'Eglise, au milieu des épreuves actuelles, rappelant à

Jésus-Christ la promesse qu'il a faite de la protéger contre les puissances de l'Enfer. Le chant du second chœur, plus lent, plus mélodieux, plus sentimental, c'était encore l'Eglise, exprimant sa confiance inébranlable, fondée sur la parole de Jésus-Christ. En effet, l'Église universelle était bien là dans cette basilique de Saint-Pierre. Il y avait les brebis et les agneaux ; il y avait Pierre dépositaire de la promesse divine. Et l'Eglise, ainsi réunie et ayant la conscience des dangers qui l'environnent et des passions haineuses soulevées contre elle, priait Jésus-Christ, son Chef invisible, de la sauver de cette mauvaise heure donnée à la puissance des ténèbres. Elle ne priait pas en vain : immédiatement Jésus-Christ envoyait du haut du ciel le chœur des anges pour la conforter, lui redire encore une fois sa promesse et lui affirmer que, fondée sur la pierre, les portes de l'enfer ne prévaudraient jamais contre elle.

Pendant ce chant, le plus sympatique qui ait jamais frappé mes oreilles, chacun, on le comprenait au silence qui régnait, se laissait aller aux impressions qui agitaient son âme. Sans doute, ces impressions n'étaient pas les mêmes dans tous, mais, le chant terminé, on comprit au doux bruissement des respirations jusque là contenues, que chacun se trouvait soulagé par le chœur des anges et pleinement rassuré sur les destinées de l'Eglise.

O sainte Eglise catholique, apostolique et romaine, que tu es belle ! que je me sens porté à chanter une hymne à ta gloire, à célébrer tes combats et tes triomphes ! Et vous, ô saint et vénéré Pontife, que vous étiez grand à l'autel, élevant et présentant aux quatre faces du monde l'hostie sainte et le calice du salut ! Dites-nous ce qu'éprouvait alors votre âme, dites-nous vos espérances. On nous l'a dit, les jours où vous vous êtes vu entouré de vos frères les évêques, accourus sur votre simple désir se serrer auprès de vous et vous dire que votre cœur est leur cœur, votre âme leur âme, et qu'ils ne vous abandonneront jamais, fallut-il vous suivre sur un autre Calvaire, ces jours-là étaient des jours de bonheur pour vous. Ah ! soyez consolé et fortifié autant que vous êtes aimé de vos frères, autant que vous les aimez !

Je m'arrête là : le lecteur refuserait peut-être de me pardonner un plus long développement de mes impressions reçues.

Mon but en allant à Rome était de voir Pie IX, cet homme le plus étonnant, le plus grand de notre époque. Je l'ai vu dans toutes les cérémonies publiques ; je l'ai vu plusieurs fois dans les audiences qu'il accordait aux évêques suivis de leur clergé, et, la dernière fois, je l'ai vu de près. J'étais à ses pieds, je baisais et j'arrosais de mes larmes sa main et j'en recevais un précieux souvenir de mon pèlerinage, un souvenir qui ne me quittera jamais, une médaille commémorative du centenaire et de la canonisation. Les traits du saint Pontife sont profondément gravés dans ma mémoire, ils n'en sortiront pas. Je le vois encore, je le verrai toujours. Je vois encore cette physionomie douce et majestueuse, contemplative et inspirée, cette bouche souriante qni ne s'ouvre que pour bénir, ce regard qui plonge, prend votre âme et l'élève à Dieu. Aux pieds de Pie IX on se sent près du ciel ; en le voyant, on pense à ce que sera l'humanité transfigurée. Ce n'est pas un homme, ce n'est pas un ange, c'est sans doute ainsi que devait être Jésus-Christ lorsqu'il voyageait sur la terre et conversait avec les hommes.

A un de mes confrères qui ne pouvait maîtriser son émotion, le Saint-Père disait en lui posant la main sur la tête : « On est bien avec le Pape ! le Pape fait pleurer ! »

Douces larmes que celles-là, qu'on voudrait répandre toujours. Nous le disions tous, on est bien avec le Pape! Saint Pierre était-il plus heureux lorsqu'il demandait à fixer sa demeure sur le Thabor?

III.

LE RETOUR DU PÈLERIN.

LA SANCTA CASA DE LORETTE. — CASTELFIDARDO.

§ I.

J'ai quitté Rome, non sans un vif regret ; regret augmenté par la pensée de ne pas la revoir. Si deux amis qui s'éloignent l'un de l'autre peuvent, en se serrant la main, se dire : au revoir, ils emportent avec eux l'espérance qui rend moins amère la séparation. On va loin avec l'espérance du retour. Mais ici, rien qui vienne adoucir le regret ; il est vif, il est profond. Rome ne sera plus que dans mes souvenirs ; mais, je le comprends, les impressions ont été trop vives pour que les souvenirs puissent jamais s'altérer. De ces souvenirs, je me composerai une Rome qui sera toujours là devant mes yeux. J'y verrai ses monuments, ses ruines, ses rues, ses places, ses obélisques, ses colonnes, ses musées, ses palais que rien n'égale, ses fontaines les plus belles du monde. Je serai souvent à genoux dans Saint-Pierre, dans Saint-Jean-de-Latran, dans Saint-Paul hors-des-murs, à Sainte Marie-majeure, à la prison Mamertine, à *Domine quo vadis*, à Saint Pierre *in montorio*, à la Sancta-Scala, devant les chaînes de saint Pierre, devant la douce image de *Mater*

admirabilis. A genoux souvent au pied du magnanime
Pie IX, j'écouterai sa parole, je m'inclinerai sous sa main
bénissante ; souvent je baiserai cette main.

Et voilà que la vapeur m'entraîne. Rome est déja loin,
bien loin derrière moi. Passons, sans rien dire, à travers
cette Italie tant vantée par les touristes, mais qui se montre envers nous si peu hospitalière, qui perd jusqu'au
sentiment de la plus vulgaire politesse, à mesure qu'elle
perd la foi et se détache de l'Eglise. Quel contraste avec
l'urbanité si exquise des Romains, qui ont tout fait pour
nous rendre agréable le séjour de leur ville! Rien n'a été
négligé, ni la revue des magnifiques troupes pontificales,
ni les courses aux chariots dans la villa Borghèse, ni la
brillante et féerique illumination de la coupole de Saint-
Pierre, qui faisait rêver au ciel, ni l'incomparable feu
d'artifice de la place *del Popolo*, ni l'illumination du Colisée, qui entourait de cent couronnes de feu la croix
triomphante dans son arène, ni l'illumination du capitole,
qui semblait célébrer la fuite des dieux vaincus et l'exal-
tation de l'étendard du Christ. C'était chaque jour chan-
gement de décoration sur la scène des plaisirs qui nous
étaient ménagés. On le comprend, à Rome le Christianisme exerce toute sa puissance civilisatrice. On le chasse
de l'Italie, et les Italiens cessent d'être un peuple civilisé.
Par les vexations de tous genres qu'ils ont fait subir aux
pèlerins venant de Rome, ils ont cru diminuer l'effet produit sur le monde entier par les imposantes manifesta-
tions des fêtes du Centenaire ; mais, pour leur malheur,
ils ont été plus que méchants, ils ont été ridicules.

Et me voici au pied d'une colline, et là-haut est Notre-
Dame-de-Lorette ; silence et recueillement! — Que de
générations ont passé sur le chemin où je passe, allant,
comme je vais, à la *Sancta Casa*, à la maison de la

Vierge Marie ! Ah ! mon cœur a tressailli de joie lorsqu'il lui a été dit : nous irons dans ce sanctuaire où s'accomplit le mystère de l'incarnation du Verbe de Dieu, sainte maison de Nazareth, dont la présence sur cette colline est un miracle des plus éclatants qui aient étonné le monde. Et à chaque pas que je fais et qui me rapproche du saint lieu, je sens en moi-même un frémissement respectueux qui me porterait à m'en tenir éloigné. Mais, je le sens aussi, de là-haut, Marie, par un lien invisible jeté sur le cœur, attire le pèlerin. Et je me laisse attirer, et je monte, plein de confiance, de respect et d'amour.

Me voici en face de la cathédrale, bâtie pour renfermer dans son enceinte la *Sancta-Casa*, brillante basilique, que l'on admire, même en venant de Rome, qui a le privilége de parler au cœur un langage dont elle a seule le secret, et de faire naître des sentiments qu'elle seule inspire. Je lis à son frontispice ce qu'on ne trouve que là : *Deiparæ Domus in qua Verbum caro factum est. Maison de la Mère de Dieu, dans laquelle le Verbe s'est fait chair.* Ces paroles disposent le pèlerin au recueillement, aux mystérieuses pensées. Il entre ; et déjà il est prosterné dans la *Sancta Casa*, le cœur profondément ému, les yeux remplis de larmes. Dieu seul connaît, Dieu seul pourrait dire ce qui se passe en ce moment dans son âme. Est-il au ciel, est-il encore sur la terre ? Si vous le lui demandez, il ne vous répondra pas : il vous dira seulement qu'il est heureux comme il ne l'a jamais été. Il baise le pavé vers lequel il s'incline ; il voudrait baiser chaque pierre qui entre dans la composition de ce pieux édifice ; il voudrait imprimer sur chacune le cachet de sa foi, de sa vénération, de son amour.

Après ce premier saisissement, après ces premières larmes, après ces premiers élans d'amour, le pèlerin, re-

venu un peu au calme de son cœur, sent le besoin de
prier, et il prie. Mais il ne sait qu'une seule formule, ses
lèvres ne peuvent en exprimer qu'une seule; il ne sait
que dire les paroles prononcées ici-même par l'ange Gabriel : *Je vous salue, Marie!* Sa foi, son amour, son extase,
lui rendent présent le moment, solennel entre tous, où le
céleste messager vient annoncer à Marie l'incarnation du
Fils de Dieu. La Vierge Marie est là à genoux ; depuis
longtemps elle prie. Le plus profond silence règne autour
d'elle ; et voilà que l'ange Gabriel se présente et lui dit :
« Je vous salue, ô pleine de grâces ; le Seigneur est avec
« vous. Vous êtes bénie entre toutes les femmes. Mais
« elle, l'entendant, se trouble de ses paroles et elle pense
« en elle-même quelle peut être cette salutation. Et
« l'ange lui dit : Ne craignez point, Marie, car vous avez
« trouvé grâce devant Dieu. Vous concevrez dans votre
« sein, et vous enfanterez un fils à qui vous donnerez le
« nom de Jésus ; il sera grand et sera appelé le Fils du
« Très-Haut ; le Seigneur lui donnera le trône de David
« son père, il règnera éternellement sur la maison de
« Jacob, et son règne n'aura point de fin. Et Marie dit
« à l'ange : Comment cela se fera-t-il, car je ne connais
« point d'homme? Et l'ange lui répond : le Saint-Esprit
« surviendra en vous, et la vertu du Très-Haut vous cou-
« vrira de son ombre. C'est pourquoi le fruit saint qui
« naîtra de vous sera appelé le Fils de Dieu..... Et Marie
« lui dit : Voici la servante du Seigneur, qu'il me soit fait
« selon votre parole. Et l'ange se retire. » Et le pèlerin
qui a tout entendu au fond de son cœur, se prosterne et
adore dans le sein de Marie le Verbe fait chair.

Le colloque mystérieux entre la Vierge et l'ange Gabriel, le pèlerin le dit et le redit, il l'a toujours sur les
lèvres. Il resterait là à genoux des journées entières, qu'il

ne dirait pas autre chose. Qu'il se trouve bien là ! Comme il répand avec effusion d'amour tout son cœur, toute son âme ! A Rome, il priait où se sont arrêtés les pieds de Jésus; dans la *Sancta-Casa*, il prie, il adore où Jésusa été conçu du Saint-Esprit, où il a demeuré longtemps avec Joseph et Marie, où il a travaillé de ses mains avec Joseph, auquel il obéissait. Jésus ! Marie ! Joseph ! ils étaient là où je suis. Que de choses ont été dites dans leurs intimes entretiens ! Que de choses qui sont restées ignorées, mais que les anges ont recueillies pour les redire au pèlerin qui viendrait ici prier, les lui redire au plus intime de l'âme, en lui refusant les paroles divines qu'il faudrait pour les répéter !

Il faut quitter le sanctuaire de Lorette, puisqu'il n'est point permis d'y dresser sa tente jusqu'a l'heure du dernier soupir. Et, en sortant, le pèlerin est triste, soucieux. Les adieux qu'il a faits ont déchiré son âme. Il descend lentement la colline ; il s'éloigne à regret. Il se retourne souvent pour voir et revoir encore le sanctuaire béni où il a été si heureux. Une pensée étrange passe sur son âme ; il voudrait s'en distraire, elle revient toujours. Il se dit : au milieu de quel peuple se trouve aujourd'hui la *Sancta-Casa* ! Les anges ne viendront-ils pas la prendre pour la porter ailleurs ? Ils n'ont pas voulu la laisser à Nazareth pour qu'elle ne fût pas au pouvoir des infidèles. Que sera demain l'Italie ?... Je m'arrête. Je ne suis pas prophète : je ne suis que pèlerin, je dis mes impressions.

Il se forme à côté de Lorette un autre pèlerinage qui aura sa célébrité, à Castelfidardo, sur la tombe des zouaves, presque tous enfants de la France, morts si glorieusement pour soutenir les droits de la sainte Eglise. Une simple croix de bois indique où reposent les restes de ces héros chrétiens. Des temps meilleurs permettront peut être d'enfermer ce petit coin de terre dans l'enceinte d'une église ou oratoire, et tout pèlerin, en quittant Lorette, ira prier à Castelfidardo. *Castelfidardo* ! maison à la foi ardente. Nous ignorons comment, à l'origine, ce lieu a mérité un si beau nom ; mais s'il ne l'avait pas eu, on aurait pu le lui donner le jour où il fut témoin de ce drame renouvelé des Machabées, qui montra d'un côté la plus lâche des trahisons, et de l'autre le dévouement et la valeur poussés jusqu'à l'héroïsme de la foi. Oui, ils avaient tous la foi bien ardente ceux qui dorment là sous cette terre. Ils soutenaient la plus sainte des causes. Ils sont tombés, accablés par le nombre, mais ils n'ont pas été vaincus ; on n'appelle pas vaincus les martyrs ; leur mort, c'est leur triomphe. Et ceux qui font mourir les martyrs, ont-ils dans l'histoire la qualification de vainqueurs ? Non : ils passent à la postérité en recueillant la honte et le mépris que chaque génération qui les voit passer leur imprime sur le front.

Nous avons prié sur la tombe de ces chevaleresques jeunes hommes ; nous avons prié, et, en disant : donnez-leur, Seigneur, le repos éternel, nous ajoutions : donnez-leur aussi de nombreux imitateurs de leur foi et de leur généreux dévouement ; pour votre gloire, Seigneur, et pour la consolation de notre Mère la sainte Eglise (1) !

____

(1) Et ils ont eu des imitateurs de leur foi et de leur généreux dévouement ; Mentana les a vus. Et les hordes barbares ont reculé, et le chef de ces hordes a fui, lâche jusqu'au ridicule. Et nous avions là l'un des nôtres, et il était des plus vaillants, et il est tombé et s'est enseveli dans le triomphe de l'Eglise, au service de laquelle il s'était engagé dès la première heure. Il était à Castelfidardo, encore bien jeune et sans l'expérience des combats, mais déjà des plus braves et toujours aux premiers rangs. Dieu n'accepta pas ce jour-là le sacrifice de sa vie ; il voulut le rendre plus méritoire et plus glorieux en le lui faisant renouveler tous les jours pendant sept ans. Cher et brave capitaine de Veaux, ton âme est au ciel et ton corps repose aujourd'hui au milieu des tiens. Ton nom et ta mémoire appartiennent désormais à l'Eglise pour laquelle tu es tombé, et l'Eglise reconnaissante les conservera glorieusement, entourée de l'auréole des héros martyrs.

§ II.

Assise. — Sainte-Marie-des-Anges ou Notre-Dame-de-la-Portioncule.

Assise, comme Lorette, a eu le privilége d'attirer et de retenir de nombreux pèlerins au retour des fêtes du Centenaire. Cette ville doit son illustration à saint François, le séraphique fondateur des Frères-Mineurs. On est dédommagé, en y arrivant, des fatigues de la longue nuit qu'il faut pour venir de Lorette, et on y trouve un doux rafraîchissement du cœur dans les divers sanctuaires que la piété et la reconnaissance ont élevés en l'honneur de l'illustre saint. Sa vie est en quelque sorte écrite sur ces monuments pieux, et ils offrent des pages magnifiques qui plaisent à l'œil autant que les souvenirs qu'elles réveillent ont de charmes pour le cœur. Nous lisons au frontispice du premier qu'on nous fait visiter : *Hoc oratorium fuit bovis et asini stabulum, in quo natus est Franciscus, mundi speculum. Cet oratoire était primitivement pour le bœuf et l'âne une étable, dans laquelle naquit François, la merveille du monde.* Il fallait que ce saint eût ce premier trait de ressemblance avec le Sauveur dont il porta plus tard sur son corps les stigmates sacrés. La vierge Marie, parce qu'elle était pauvre, ne trouva de place dans aucune hôtellerie à Bethléem, et se retira dans une grotte qui servait de retraite aux animaux. Là, elle mit au monde son premier-né et le déposa dans une crèche. Celle qui fut la mère de saint François était riche et habitait un somptueux palais. Prise des douleurs de l'enfantement, elle fut longtemps sans pouvoir se délivrer; son état faisait craindre pour sa vie et la vie de son enfant, lorsqu'un pèlerin, ou plutôt un ange sous la forme d'un pèlerin, étant venu demander l'aumône et l'ayant reçue, dit : « Si la dame du logis veut accoucher heureusement, il faut qu'elle se fasse porter dans une étable. » On obéit, et Dieu récompensant cet acte d'humilité, l'enfant naquit aussitôt et sans aucune peine. Et cette étable, comme la grotte de Bethléem, a été convertie en un oratoire que le pèlerin se plaît à visiter, et qui lui rappelle le mépris des richesses et des vanités du monde.

De cet oratoire on nous fait entrer dans la maison où saint François passa avec son père et sa mère les années de sa jeunesse. Elle forme aujourd'hui l'église et le couvent des Franciscains, propriété du gouvernement espagnol, ce qui assure aux bons religieux la paix et la libre possession de leurs biens, alors que tous les monastères, en Italie, ont subi la spoliation la plus inique.

Du sanctuaire de l'église on voit un petit cachot où se trouve une statue de saint François, une chaîne au cou, rivée à l'une des parois. Le père du saint enfermait son fils dans ce cachot, afin de le faire renoncer à son projet d'abandonner le monde et de se consacrer tout entier à Dieu et aux privations de la pauvreté évangélique. Mais l'âme du saint jeune homme ne pouvait être enchaînée; elle ne s'élevait qu'avec plus de liberté vers Celui qui lui disait de tout quitter pour le suivre.

Un ange, sous la forme d'un pèlerin, avait annoncé la naissance de saint François à la vie humaine, il présida sous la même forme à sa naissance à la vie divine. On nous a montré dans l'église cathédrale les fonts où l'enfant fut régénéré par le baptême et, en face, religieusement conservée derrière une grille, la pierre sur laquelle l'ange se tenait à genoux pendant la cérémonie, et qui en conserve les traces. C'est là aussi que fut baptisée sainte Claire, une autre gloire d'Assise, la contemporaine et l'émule en sainteté de saint François. Dans le monastère qui porte le nom de la sainte, nous avons vénéré son corps, découvert en 1850, et, dans l'église du monastère, le Crucifix peint sur bois qui parla plusieurs fois au séraphique saint.

Nous sommes au grand monastère des Frères-Mineurs, appelé couvent de Saint François. Il garde les précieuses reliques du saint, auprès desquelles tout pèlerin aime à se prosterner, à prier. Il y a là trois églises superposées, étroitement unies entre elles, comme trois sœurs qui marchent vers les mêmes destinées, symbolisant les trois vœux de la vie monastique, la pauvreté, la chasteté et l'obéissance, ou mieux encore symbolisant les trois états de l'Eglise, le combat, l'expiation et le triomphe.

La première, dans laquelle se trouvent le tombeau et le corps de saint François, est taillée dans le roc; c'est l'image de l'Eglise militante, assise sur la pierre angulaire qui est Jésus Christ, contre laquelle les puissances de l'enfer ne prévaudront pas. Elle regarde au-dessus d'elle ses deux sœurs auxquelles elle est unie par sa foi et son amour, et dont elle garde les dépouilles mortelles jusqu'au jour de la résurrection.

La seconde, c'est l'Eglise souffrante. Elle regarde au-dessous d'elle sa sœur l'Eglise de la terre dont elle implore le secours, et son cœur s'élance vers sa sœur l'Eglise du ciel dont le bonheur lui est dû, mais qui lui est refusé jusqu'à la fin de l'expiation.

La troisième, c'est-à-dire l'église supérieure, c'est l'image de l'Eglise triomphante. Elle est à une seule nef comme le ciel qui ouvre sa vaste et unique enceinte à toutes les générations, appelées à y entrer. Elle a un autel papal sur lequel le Vicaire de Jésus-Christ a seul le droit de célébrer, comme l'autel du ciel sur lequel pendant

toute l'éternité Jésus-Christ, le Pontife souverain et éternel, célèbrera seul et préparera la communion inces-
sante qu'il aura avec ses élus.

Nous quittons Assise et nous descendons dans la plaine
pour y recueillir encore la suave odeur des vertus de
saint François. Nous sommes dans l'église de Sainte-
Marie-des-Anges, dite aussi *Notre-Dame-de-la-Portioncule.*
Saint François ne pouvant plus loger au grand monastère
d'Assise les nombreux disciples qui venaient à lui, les
Bénédictins du Mont-Sublac lui donnèrent cette église
avec une petite maison auprès qui lui servit de couvent.
Déjà le saint, sur l'avertissement qu'il en avait reçu de
la bouche du Crucifix dont nous avons parlé, avait relevé
cette église de ses ruines. Elle portait le nom de *Sainte-
Marie-des Anges,* parce que les anges s'y étaient souvent
montrés et qu'on y avait entendu une musique céleste
formée par ces chantres bienheureux. On l'appelait
aussi *Notre-Dame-de-la-Portioncule,* parce qu'elle était
bâtie dans un petit champ que les religieux du Mont-
Sublac regardaient comme le moindre héritage de leur
monastère. Ce fut dans cette église que saint François reçut les plus grandes faveurs de Dieu.

Un jour qu'il était en oraison dans sa cellule, un ange
lui ordonna de se transporter au plus tôt dans le sanctuaire,
parce que Notre-Seigneur et sa très-sainte Mère avec une
multitude innombrable d'esprits bienheureux l'y attendaient. Le saint, ayant obéi, trouva, en effet, dans le sanctuaire, cette adorable compagnie qui lui donna mille témoignages d'amitié et de bienveillance. Notre-Seigneur
lui dit qu'il agréait infiniment son zèle pour le salut des
pécheurs et les larmes qu'il versait pour leur conversion,
et que, pour l'en récompenser, il lui permettait de lui
demander tout ce qu'il voudrait en leur faveur. Et saint

François lui demanda que tous ceux qui viendraient en cette église, après avoir confessé leurs péchés aux prêtres, en obtinssent à perpétuité l'indulgence plénière, sans qu'il leur restât rien à payer au sévère tribunal de sa justice. Et le Seigneur lui dit : « Vous demandez là une bien grande faveur, mais je vous l'accorde. »

Voilà l'indulgence dite de la *Portioncule* et son origine. Le jour où l'on pourrait la gagner fut fixé par le Seigneur lui-même au jour que son apôtre saint Pierre avait été délivré de la prison d'Hérode et dégagé de ses liens par la main d'un ange.

Et tous les ans, au jour de la fête de saint Pierre-ès-Liens, il se fait là un grand concours de fidèles, désireux de recevoir l'indulgence accordée aux pécheurs. On dit qu'on y a vu jusqu'à cent mille personnes; ce qui nous explique les vastes proportions données aux trois nefs de cette église, qui nous rappelle, par sa grandeur, Saint-Jean-de-Latran, Saint-Paul-hors-des-Murs, Sainte-Marie-Majeure. Elle conserve dans son enceinte la cellule où mourut saint François, pieux oratoire, particulièrement aimé des pèlerins.

A côté de l'église et dans l'enceinte du monastère, nous recueillons le souvenir d'une autre faveur accordée à saint François. Se sentant une nuit tenté de relâchement par le démon, sous le spécieux prétexte de conserver sa vie et de n'être pas homicide de lui-même, il sortit précipitamment de sa cellule et courut se rouler, le corps nu, sur des ronces jusqu'à ce que tout son corps fut en sang. Dieu et les anges le regardaient du haut du ciel, et le saint se vit en un instant environné d'une grande lumière, et les gouttes de son sang qui étaient tombées sur les ronces se changèrent en de très-belles roses blanches et vermeilles ; et les anges descendirent du ciel et vinrent le féliciter de sa victoire et lui ordonnèrent d'aller promptement à l'église, parce que Jésus-Christ et sa sainte Mère l'y attendaient. Et le saint s'y rendit, portant avec lui douze roses blanches et douze roses vermeilles, et se trouvant miraculeusement revêtu d'un habit céleste d'une blancheur éclatante ; et il y reçut de Jésus-Christ et de sa sainte Mère de douces caresses, en dédommagement de ce qu'il venait de souffrir pour la gloire de Dieu.

Et les ronces, changées en rosiers, sont encore là, se couvrant de feuilles et de fleurs qui portent toujours, comme les premières, les traces du sang de saint François, feuilles et roses sans épines, répandant le parfum des vertus du saint. Si on les transplante ailleurs, les rosiers redeviennent des ronces, et les feuilles et les fleurs des épines.

Nous avons écouté avec émotion ces pieux récits, et nous avons emporté, comme doux souvenirs, quelques feuilles du rosier miraculeux.

§ III.

Par l'Italie. — Notre-Dame-de-Fourvières.

Quelque douces qu'aient été nos émotions dans la ville d'Assise et à sainte Marie-des-Anges, elles ont été dominées par un sentiment de profonde tristesse. En recueillant au monastère d'Assise et au couvent de la Portioncule les souvenirs du séraphique saint François, nous avions sous les yeux l'image de la désolation, assise dans le lieu saint et dans les cellules désertes des moines. Il n'y a que quelques années, le monastère d'Assise renfermait quarante moines, il n'y en reste que huit ; celui de la Portioncule en avait 150, il en a six aujourd'hui. Les autres ont été dispersés au nom de cette liberté qu'on veut implanter en Italie. Il est vrai que la demeure des moines est restée debout, mais des ruines seraient peut-être moins tristes que ces portes et ces fenêtres fermées, moins tristes que ces vastes réfectoires, ces longs corridors déserts, moins tristes que l'herbe qui perce le pavé des cours.

Et déjà nous sommes loin de ces lieux, voyageant par l'Italie et visitant ses principales villes. Que de choses j'aurais à dire et de Florence avec son campanile, le plus élevé d'Italie ; et de Bologne avec son *Campo-sancto*, ses grandes arcades, son sanctuaire de Saint-Luc ; et de Padoue avec sa salle des consuls, la plus vaste du monde ; et de Venise avec ses canaux, ses gondoles, ses riches palais, son Saint-Marc, qui n'a d'égal que notre Saint-Front de Périgueux ; et de Milan et de sa cathédrale, l'unique en son genre, qui montre avec orgueil ses six mille statues de marbre blanc et de grandeur naturelle ; et de Turin, brillante capitale autrefois, mais aujourd'hui épouse délaissée, réduite à l'état de veuve et ne se laissant voir qu'à travers le voile de son deuil ! Mais j'ai hâte de m'agenouiller dans le sanctuaire de Notre-Dame-de-Fourvières et d'y célébrer une messe en action de grâces.

Nous y sommes le 16 juillet, fête de Notre-Dame-du-Mont-Carmel. Le jour est bien choisi ; il n'a pas été prévu. Nous ferons ici la dernière station de notre pèlerinage. Commencé à Notre-Dame-de-la-Garde, il ne pouvait mieux se terminer. Il y a un mois, nous quittions la France sous le regard de la céleste *Gardienne* des mers, et, en y rentrant, nous sommes accueillis dans l'un de ses plus antiques, de ses plus pieux sanctuaires. Marie, que nous invoquions, nous bénissait au départ et nous disait : « allez en toute confiance, je serai avec vous. » Elle nous bénit au retour, et nous donne à son autel un délicieux repos. Elle a été avec nous et la mer a été paisible ; elle a été avec nous et nos voies ont été belles, et nous avons été préservés de tout accident, et nous sommes là pour la bénir et la remercier.

Tout le monde connaît le sanctuaire de Fourvières, mais on ne peut mieux l'apprécier qu'en revenant de Rome. On le sait, les empereurs romains avaient voulu faire de Lyon une seconde Rome, et, en évoquant les souvenirs du passé, ici, du haut de la colline de Fourvières, le pèlerin voit, comme à Rome, le christianisme assis triomphant sur les ruines du paganisme. A Rome, les temples des idoles sont devenus les temples du vrai Dieu. Ici, le sanctuaire de la Mère de Dieu est bâti sur le *Forum* de Trajan avec les débris de l'autel que soixante peuples des Gaules élevèrent à Rome et Auguste, par ordre de cet empereur. C'est ici, comme à Rome, le vieux monde qui s'en va faisant place au monde nouveau, le paganisme qui tombe en célébrant le triomphe de Jésus-Christ, et lui laissant les débris de ses temples pour s'en faire les trophées de ses victoires.

Et s'il évoque les souvenirs pieux, que de douces émotions remplissent l'âme du pèlerin ! Que de prodiges de miséricorde et d'amour opérés ici en faveur des dévots serviteurs de Marie ! Que de malades y ont recouvré la santé ! Que de cœurs affligés y ont trouvé la consolation ! Que de pécheurs y ont été convertis et pardonnés ! Plein de ces souvenirs, il se trouve à l'aise dans ce sanctuaire béni. Il répand de douces larmes au pied du saint autel, et au plus intime du cœur de belles choses lui sont dites, qu'il n'oubliera jamais. Et, en sortant, il est heureux, il n'a point fait, comme ailleurs, de douloureux adieux, il a dit : au revoir !

Et deux jours après le pasteur était au milieu de son troupeau, le père avec ses enfants, et la joie du troupeau et des enfants égalait la joie du pasteur et du père.

Périgueux, Imprimerie A. Boucharie et Cⁿ.